ANGELIKA KAUFMANN
DIE ZOFEN
LINDA WOLFSGRUBER
DIE ZELLEN

SOMMER 2013

GALERIE GEFÄNGNIS^{LE}CARCERI, KALTERN - CALDARO

FRÜHJAHR 2015

NEUE GALERIE SENSENWERK, DEUTSCHFEISTRITZ

Verlag Bibliothek der Provinz

ZELL[EN]IMAGINATIONEN
Elmar Locher

Bild an Bild an Bild gereiht an der Zellenwand: dies zeigen uns die Arbeiten Angelika Kaufmanns. Zelle an Zelle an Zelle gereiht an der Zellendecke: dies zeigen uns die Arbeiten Linda Wolfsgrubers. Sie scheinen verbunden, eine Welt schließt an die andere an, Faltenwürfe trennen und binden sie. Sprechen diese Welten miteinander, einer schmalen Furche entlang? Stellen sie sich quer zueinander?
»Aber Jakob ist immer quer über die Gleise gegangen.« So der Eröffnungssatz des Romans von Uwe Johnson *Mutmassungen über Jakob* (1959). Der Eröffnungssatz: die Zelle des Romans. Und es ist dies zugleich ein Satz, der sich in einer anderen Zelle unauslöschlich eingeschrieben hat: in der Nervenzelle meines Gedächtnisses, im Neuron, das unaufhörlich Informationsflüsse führt, diese speichert, sie vom Kurzzeitgedächtnis transformierend ins Langzeitgedächtnis leitet. Seit ich diesen Satz zum ersten Mal in den 60er Jahren gelesen habe, ist er mir im Gedächtnis geblieben.
Und dieser Satz benennt ein Subjekt, hält dessen Gewohnheit fest, markiert ein Verhalten, das das Erzählte, das dem ersten Satz folgen wird, und das man als Unfall durchgehen lassen will, mehr als unwahrscheinlich erscheinen lässt. In diesem Quer-Gehen haben sich Erfahrungen gesammelt, haben sich neue Informationen mit gespeicherten Daten abgeglichen, sodass selbst ungünstigste Bedingungen einen Unfall als äußerst unwahrscheinlich erscheinen lassen.
Der Ausgangssatz verzweigt sich also an beiden Enden. Das adversative ›Aber‹ richtet sich so bereits gegen ein Universum anderer Sätze, gegen Mutmaßungen, gegen Annahmen, Meinungen. Stellt sich quer. Und wie der Satz verzweigt sich das Neuron an seinen Enden.
Aus einem Ende des Zellkörpers wächst das Axon hervor, kann eine Länge von einem Meter und mehr erreichen und verzweigt sich auf diesem Weg in zwei oder mehr Äste. Am anderen Ende kommen die zahlreichen Dendriten aus dem Zellkörper heraus. Die Dendriten wie die Verzweigungsäste des Axons schließen an andere Neuronen an, sprechen mit diesen. Sie können dies aber nur, wenn ein Signal über die Synapse springt, über einen kleinen Spalt hinweg, vom Axon ausgehend.

Und Worte docken an andere an, verbinden sich wie in einem Molekül, tragen eine lange Geschichte mit sich, Denotationen und Konnotationen, verzweigen sich über Spalten des Aufschubs hinweg in immer neuen Kontexten neu, aktualisieren Bedeutungen aus dem Thesaurus, dem Gedächtnis der Sprache, die in anderen Kontexten narkotisiert vor sich hindämmern.

Und Zelle war einmal die ›cella‹ und meinte den Vorratsraum, die Kammer. Die ›cella vinaria‹ ist als Gärkammer der Ort, in dem aus einem Stoff ein anderer entsteht. Mit dem Christentum dann wird die Zelle zum Wohnraum des Mönchs. Die Zelle wird, als das Überwachen und Strafen seinen festen Ort findet, zum Wohnraum des Gefängnisinsassen. Piranesi wird dann in seinen Stichen (1750 u. 1761) ›Carceri d'invenzione‹ zeigen, Labyrinthe, Architekturen des Sich-Verlierens, Treppen ohne Abschluss, immer höher hinauf und darüber hinaus, Raum ohne Ausgang, ein Irren ohne Ende, mäandernd Wänden entlang, gelesen dann als Symbol des Menschen, eingeschlossen in sich selbst. Die ›cella‹ aber ist im Tempel die Nische, in der das Bild der Gottheit steht. CELLA: Verehrungsraum, Imaginationskonzentrat des Göttlichen also und Strafort zugleich. Und der ›Keller‹, der uns etwas später begegnen wird, stellt in seinem Anlaut noch seine Herkunft von ›cellarium‹ aus.

Bevor ›cella‹ zum kleinsten organischen Formteil des Körpers wird, war die Zelle die Höhlung des Körpers, wird dann auf das Gehirn übertragen. Und Joh. von Gersdorf hält in seinem *feldbuch der wundarzney* von 1517 fest: »das hirn hat noch der lengy drei büchlin oder cellen, und ein yegkliche cell hat zwey teil«. Da sind wir also beim Drei-Kammern-[cellen]-System der alten gehirnphysiologischen Vorstellung, das für die Imaginationslehre von so entscheidender Bedeutung war: In der ersten Kammer, im Vorderhirn, hinter der Stirn, laufen die Sinnesdaten, in einem Punkt, dem ›sensus communis‹ zusammen. Dieser fungiert dann gleichsam als Transformator, verwandelt die äußeren Bilder in innere und leitet diese Phantasmen dann in die zweite Kammer weiter. In dieser, die als Rationalitätskammer operiert, werden sie geprüft und sortiert und an die dritte Kammer, die Gedächtniskammer weitergereicht. Die Phantasmata bewegen sich im Spiritus- oder Pneumafluss. Und sie bewegen sich vor- und rückwärts. Jeder neue Sinneseindruck erzeugt ein neues Bild. Bilder können abgerufen werden, können in den verschiedenen Kammern immer neue Kombinationen eingehen. Diese Bilderflüsse können willentlich gesteuert werden, sie können aber auch einer unwillkürlichen Phantasmatakombinatorik unterliegen: Traumbilder, Rauschbilder, Bilder der Ekstasis. Friedrich von Spee wird in seinem *Güldene[n] Tugend-Buch* (postum 1649) einen Automatismus denken, der im Bildersaal der Seele die unabgesetzte Gottesverehrung ermöglicht;

er wird Gott bitten, in dieses Theater der Bilder, in dem er immer während durch die richtigen Bilderkombinationen verehrt wird, einzutreten.

Welches Theater aber spielt das Gehirn in der Zelle des Mönchs und in der Zelle des Gefängnisinsassen, wenn die äußeren Reize quasi auf Null gestellt sind? Und welche inneren Bilder werden sich wie an den Zellenwänden zu Wunschbildern und Schreckensfratzen veräußerlichen? Wie wird sich Bild an Bild reihen: wie die Zelle an die Zelle? Und über welchen Synapsenspalt hinweg werden die präsynaptischen Endigungen des Axons, die Signale aussenden und die sich an die postsynaptische Region der Dendriten schmiegen, wie die Lippe in einem leisen Flüstern an das Ohr, miteinander kommunizieren? Der Marquise de Sade hat uns solche Bilder, einsitzend in der engen Zelle, auf Zellstoff schreibend, überliefert. Antonius Abbas, der Mönch der Wüste: heimgesucht von Imaginationsbildern schrecklichster Art wird nun selbst zur Projektionsfläche imaginierender Meister, von Bosch zu Dalì. Und es ist, wie dies die Patristik meisterhaft benennt, die enge Zelle, in der der Mönch vom mittäglichen Dämon der acedia, die wir heute als Melancholie verstehen, und ihren sechs oder sieben Töchtern, heimgesucht wird. Diese Töchter sind die malitia, die Hass-liebe für das Gute, rancor, die Revolte des schlechten Gewissens gegen jene, die zum Guten auffordern, pussilanimitas, der Kleinmut, der angesichts von Schwierigkeiten in Bestürzung fällt, desperatio, die von vornherein schon von der Ausweglosigkeit jeglichen Gelingens überzeugt ist, torpor, eine Erstarrung, die jeden Gestus, der Heilung bringen könnte, schon in seinem Entstehen einfriert zur Starrheit und die evagatio mentis, die Flucht der Seele vor sich selbst, die sich von Phantasiegebilde zu Phantasiegebilde stürzt und sich nur mehr in einer verbositas, in einer inhaltsleeren Geschwätzigkeit zu artikulieren versteht. Und an diese verbositas bindet sich die curiositas, die Gier nach immer Neuem.

Und Oswald von Wolkenstein, auf dem schmalen Kofel sitzend, einer nach außen gekehrten Zelle vergleichbar, kann in seinem ellend den Glanz vergangener Jahre nur zu vergessen suchen, indem er diese Jahre in einer Evokation nicht enden wollender Glanzbilder kollabieren lässt. Wenn es, so meinte man, eine Kunst des Gedächtnisses gibt, so müsse es auch eine Kunst des Vergessens geben. Und eine Möglichkeit bestünde eben darin, die Bilder der Gedächtniskammer zu übertünchen, so sie löschend und tilgend oder in einem nicht abbrechenden Bilderfluss die Bilder sich überstürzen lassen, sodass sich kein Bild festsetzen kann. Aber wenn ich etwas vergessen will, benenne ich ja im Akt dieses Vergessenwollens, was ich gerade vergessen will.

Es gibt nun aber ein Nachdenken über die Singularität, die uns alle die Verbindungselemente, die sich um die Zelle knüpfen, in einem

Äußerungsakt zusammenführen. Es ist dies, wie so oft ein Eintrag Franz Kafkas, der in seinem Denken an die äußerste Grenze geht. In einem Brief an Felice Bauer äußert er sich zum Schreiben und definiert es als Akt der ungeschütztesten Offenheit. Er muss deshalb den Wunsch seiner Verlobten, sie möge beim Schreiben bei ihm sein, abschlagen. Schreiben, aber könnte man diesen Akt nicht auf jede kreative Tätigkeit ausdehnen, bewegt sich immer an der Grenze des Lebens. Und so imaginiert Kafka die Schreibszene als Rückzug in den innersten Raum eines abgesperrten, ausgedehnten Kellers. Dorthin würde er sich zurückziehen, mit Schreibzeug und Lampe, nur mit einem Schlafrock bekleidet. Das Essen, das man ihm bringen würde, würde hinter der äußersten Tür des Kellers abgestellt. Der Weg dorthin, im Schlafrock, würde sein einziger Spaziergang sein. In der Dunkelheit der fernsten Kammer des Kellers, die dunkler wäre als die Dunkelheit der Nacht, würde er schreiben, in der äußersten Konzentration ohne Anstrengung. Der eigene Körper wäre der strengsten Askese unterworfen und der schreibenden Hand die feinste Innervation dieses Körpers anvertraut, bis zur völligen Erschöpfung.

Und es gibt Erzählungen Kafkas, die von Künstlern handeln, in denen der Körper das einzige Material des Künstlers darstellt. Es ist der Trapezkünstler in *Frühes Leid*, der hoch oben am Seil, isoliert von den Zuschauern, seine Kunst ausübt. Und bei Jean Genet findet sich der Text *Le funambule*. Und Jean Genet mag die luftige Höhe sich erträumt haben, einsitzend *Unter Aufsicht* in der engen Zelle der Gefängnisse, mag sich in seinem Gehirntheater *Die Zofen* herbeigeschrieben haben, oder *Der Balkon* wird ihm als ausgesetzter Ort erschienen sein in nächtlichen Bildern oder im Tagtraum. Auf weiße Zellenwände starrend werden sich ihm diese bevölkert haben mit Wunschbildern des Begehrens und den Angstfratzen der Hoffnungslosigkeit oder den Grotesken des wilden Aufbegehrens.

Die Zelle: Der Baustein des Lebens.

ANGELIKA KAUFMANN

DIE ZOFEN

AUSZÜGE AUS „DIE ZOFEN" VON JEAN GENET

SEITE 4

Claire: ... Ich habe Ihnen schon einmal gesagt, Claire, Sie sollen das Spucken vermeiden. Lassen Sie den Speichel in ihrem Mund schlafen, mein Kind. Lassen Sie ihn faulen. Ah, ah! (sie lacht nervös). Soll der verirrte Spaziergänger in ihm ertrinken. Ah,ah! Sie sind widerwärtig, meine Schöne. Bücken Sie sich tiefer und betrachten Sie sich in meinen Schuhen ...

SEITE 13

Solange: ... liebt keinen Dreck. Und du glaubst, ich werde mich damit abfinden, dieses Spielewig weiter zu spielen und am Abend in meinen Bettkäfig zurückzukriechen? Können wir überhaupt das Spiel fortsetzen? Und wenn ich niemanden mehr anspucken kann, der mich Claire nennt, wird mich mein Auswurf ersticken. Mein Speichelstrahl ist mein Diamantenstrauß ...

Die Zofen, 2012 - 2013
Auszug aus der Wandinstallation
Kugelschreiber auf Papier
Formate: 15 cm x 21 cm

eines tages ist mir mein atelier zu eng geworden. und es war zuerst einmal ein unbestimmtes, ja geradezu unsicheres - dennoch anhaltendes gefühl vorhanden, das mich hinausgetrieben hat: mit heft und mit kugelschreiber. ich bin in die mir nahegelegene strassenbahn gestiegen (die linie 2). ich habe einen fensterplatz in fahrtrichtung gewählt und zu schreiben begonnen: irgendetwas, dazwischen sind kleine skizzen entstanden, unbedeutend und flüchtig. es ist einfach das entstanden, was ich im vorüberfahren mit einem blick habe festhalten können: unvollständig, skizzenhaft, flüchtig und schnell ...
im vergangenen jahr bin ich nach kaltern/caldaro mit der eisenbahn gemeinsam mit linda wolfsgruber gefahren. ich konnte nicht anders - ich habe wieder zwei zeichenblöcke mit skizzen gefüllt. aber schon vorher hatte ich die idee, nicht irgend etwas zu schreiben, sondern texte von jean genet zu verwenden. genet (der literarisch hochbegabte, kriminelle dichter) hatte in den sechziger jahren sehr grossen eindruck auf mich gemacht.

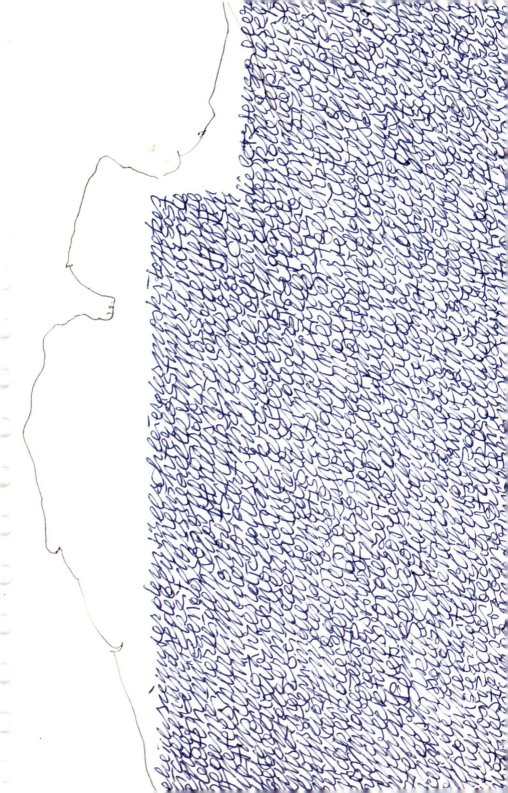

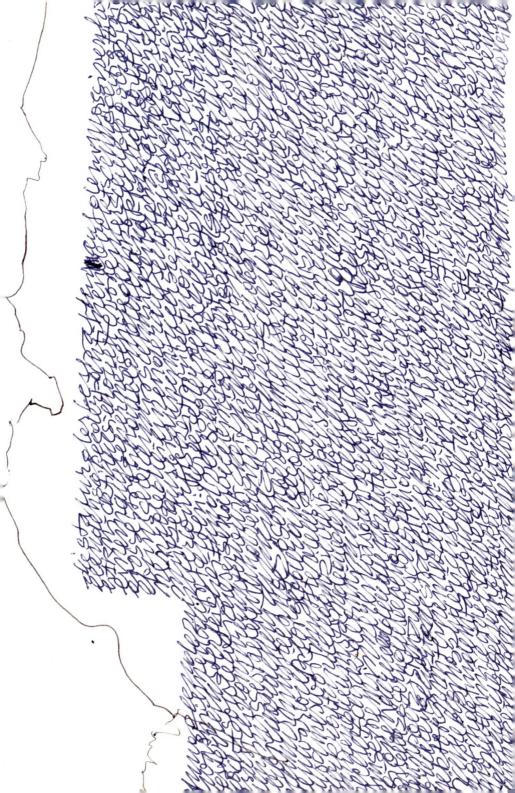

42

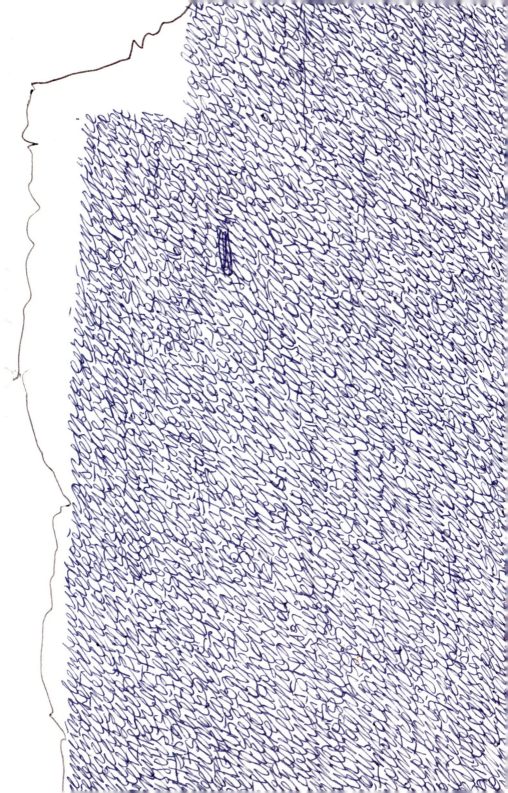

43

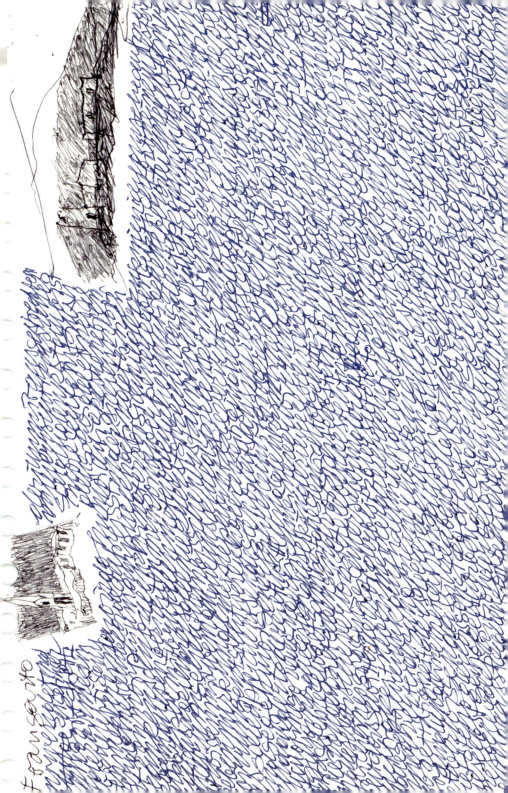

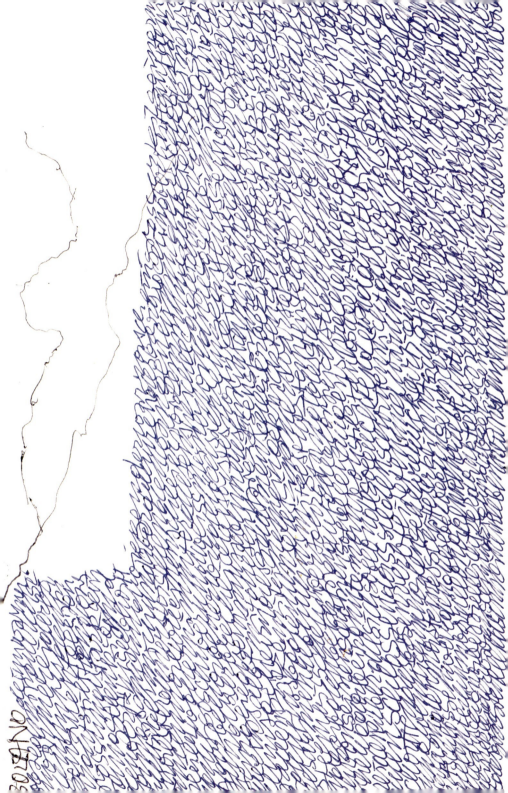

45

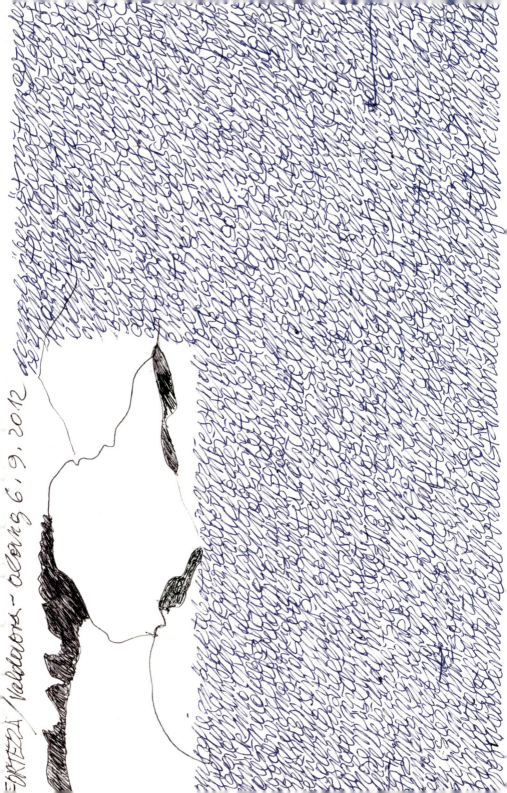

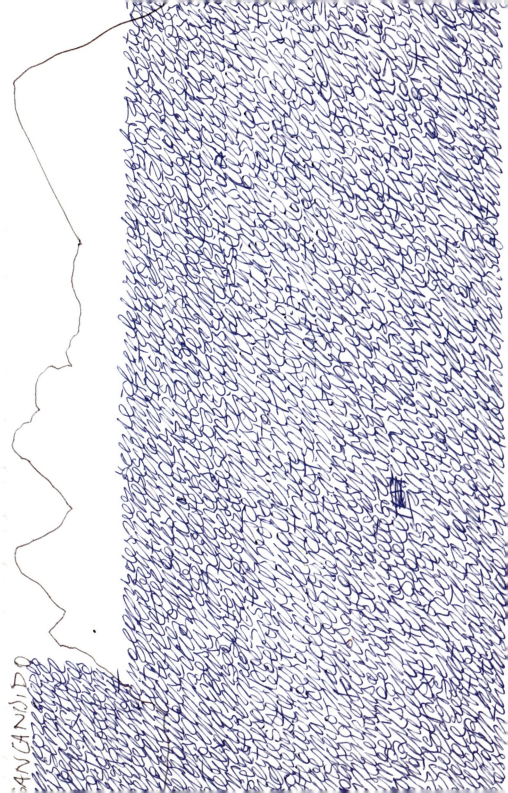

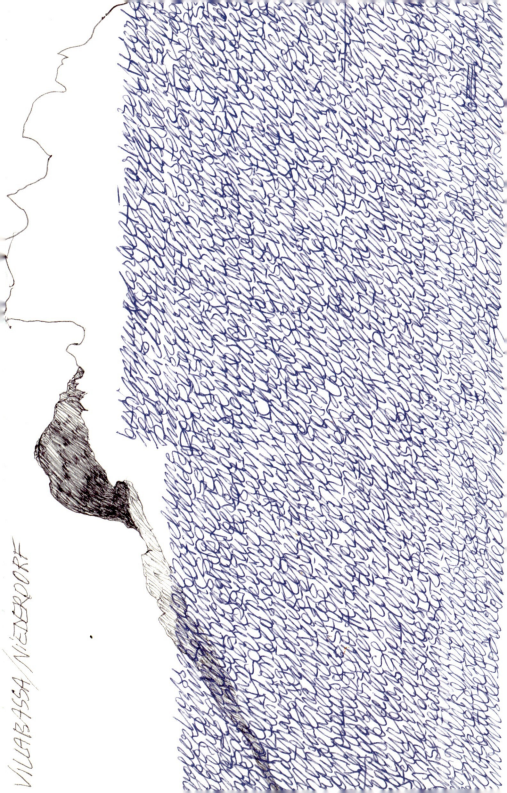

$\frac{7}{8}$

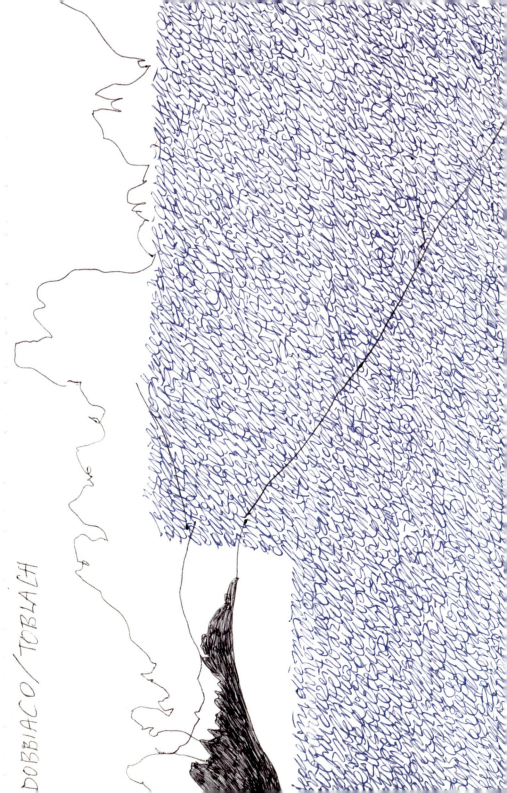

AUSZÜGE AUS "ERZÄHLER OHNE SEELEN" VON YOKO TAWADA

So verstand ich auch, warum ein Schreibzimmer, das einer Gefängniszelle ähnelt, für die Herstellung einer erotischen Schrift geeigneter als ein großes Zimmer, in dem optische Sinnlichkeit inszeniert ist.

Es hat nichts mit Askese zu tun, wenn jemand in einer Zelle sitzt und schreibt. Es hat vielmehr mit der Aktivierung der Fleischzellen zu tun, die im Körper ihre eigenen Telefonzellen, Mönchszellen und Gefängniszellen bilden. Zahlreiche Erzählungen werden in solchen geschlossenen Räumen erzählt. Während ich schreibe, versuche ich, die Erzählungen aus dem Körper heraus zu hören. Wenn ich ihnen zuhöre, merke ich, wie fremd mir meine Zellen sind.

Die Zellen, 2012 - 2013

Auszug aus der Wandinstallation
Zeichnung auf handgeschöpftem Papier
Formate: 22 cm Ø und 22 cm x 36 cm

Meine Arbeiten nehmen Bezug auf menschliche, tierische und pflanzliche Zellen. Es sind Andeutungen auf das werdende Leben. Durch das Medium der Zeichnung wird die Fragilität des Schöpfungsprozesses verdeutlicht. Nach der Erzählung von Yoko Tawada „Erzähler ohne Seelen", sind Zellen kleine lebende Räume im menschlichen Körper. In jedem Raum befindet sich eine erzählende Stimme. Diese Zellen sind vergleichbar mit Telefonzellen, Mönchszellen oder Gefängniszellen. Auf diese Weise nimmt mein Projekt Bezug auf den Ausstellungsort.

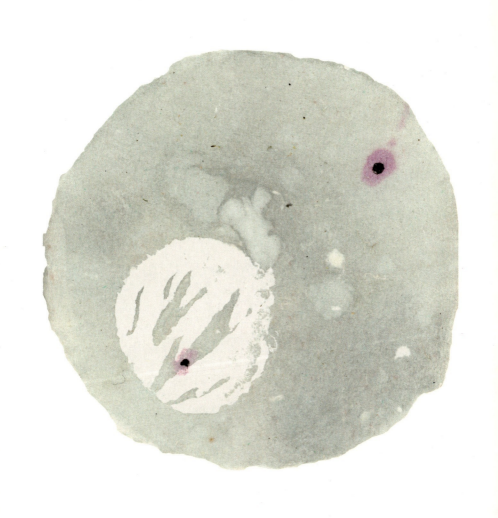

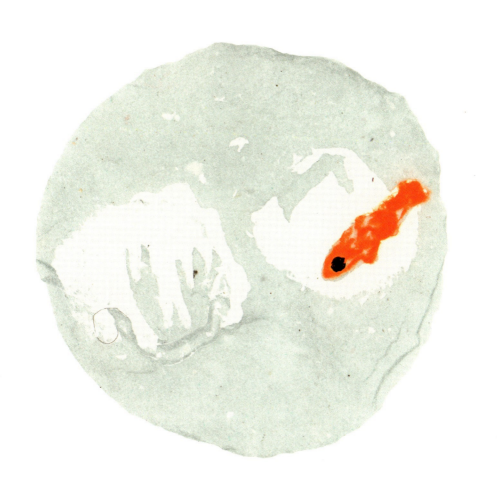

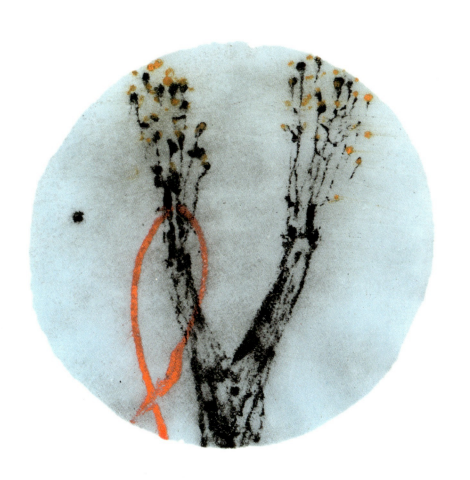

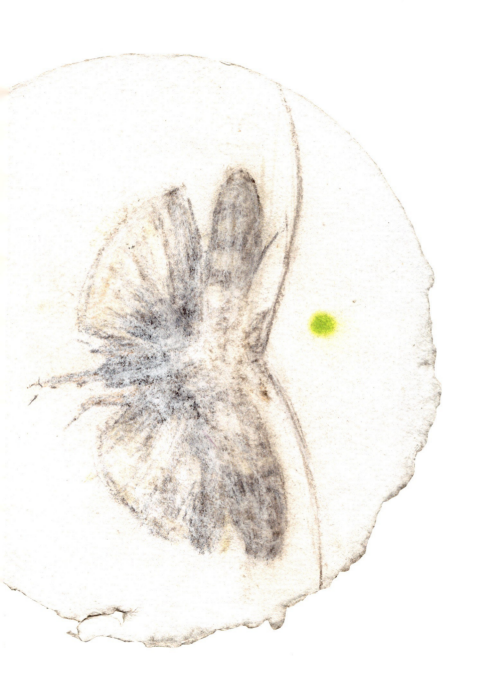

BIOGRAPHIEN

ANGELIKA KAUFMANN

1935 geboren in St.Ruprecht bei Villach
1953-58 Hochschule für Angewandte Kunst Wien
1958 Studienaufenthalt in Ephesos (österr.archeol. Ausgrabungen)
1964-65 Akademie der Schönen Künste in Krakau
seit 1970 Illustrationen für Kinderbücher und Anthologien
lebt und arbeitet in Wien und in Warnungs

Ausstellungen (Auswahl)

2013 „FÜNFER endlos" Galerie Splitter Art Wien
2012 „der fünfer" A41 Galerie im Hof Wien
2011 „ZEBRZYDOWICE" ÖBV Wien
2010 „ ... von w. nach w .... „ Splitter Art Wien
2008 „Requiem" Stadtkirche Darmstadt
2006 „20 Gedichte" Robert Musil Literaturhaus Klagenfurt
u. a. m.
Ausstellungsbeteiligungen im In- und Ausland

LINDA WOLFSGRUBER

1961 geboren in Bruneck/Südtirol
1975-78 Kunstschule St. Ulrich, Gröden
1978-80 Grafik- und Schriftsetzerausbildung, München und Bruneck
1981-83 Scuola del Libro, Urbino
Längere Aufenthalte in Florenz, Bruneck, und Teheran
Seit 1996 Dozentin an der Scuola internationale d'illustrazione di Sarmede
Ihre Bücher wurden bereits in 17 Sprachen übersetzt
Lebt und arbeitet als freischaffende Künstlerin in Wien

Ausstellungen(Auswahl)

2013 Edinburgh College of Art
Künstlerhaus, Wien „Horror Vacui"
2012 Robert Musil-Institut, Klagenfurt „Immergrün"
Stadtmuseum Bruneck „Neue Zeiten / Tempi moderni"
Gallery of the art school (La Esmeralda) in Centro Nacional de las Artes, Mexico
Schloss Wangen-Bellermont, Bozen „Bellermont-Unter Stein"
mit Gino Alberti und Peter Chiusole
2011 Fravahr Art Gallery, Teheran
Rudolf Stolz Museum, Sexten, „Dolomitensagen"
Wine & Cigar Club, Bruneck, „Spieltrieb"
Mostra Internazionale di Sarmede, Sonderausstellung

www.lindawolfsgruber.at

ELMAR LOCHER

geboren 1951 in Bozen, Prof. für Deutsche Literatur in Verona. Forschungsschwerpunkte bilden die Memoriatheorie und die Erinnerungskultur; zahlreiche Aufsätze zu Grimmelshausen, Heinrich v. Kleist, Franz Kafka, Robert Walser u. Robert Musil. Letzte Buchpublikationen Der Schatten der Hand. Zu sichtbaren und unsichtbaren Händen in Literatur und Kunst (2010), als Mitherausgeber: Texträume. Perspektiven-Grenzen-Übergänge. Festschrift für Walter Busch (2011), Archäologie der Phantasie (2012) u. Italienischer Faschismus und deutschsprachiger Katholizismus (2013).

IMPRESSUM

ANGELIKA KAUFMANN
DIE ZOFEN
LINDA WOLFSGRUBER
DIE ZELLEN

Sommer 2013
GEFÄNGNIS^{LE}CARCERI
Kaltern - Caldaro

Frühjahr 2015
NEUE GALERIE SENSENWERK
Deutschfeistritz

HERAUSGEBER
Verlag Bibliothek der Provinz
Literatur, Kunst und Musikalien
Sonnenfelsgasse 7/26, A-1010 Wien
verlag@bibliothekderprovinz.at

Text / Elmar Locher
Redaktion / Linda Wolfsgruber, Gino Alberti
Kataloggestaltung / Gino Alberti
© *Verlag* Bibliothek der Provinz, KünstlerInnen und AutorenInnen

ISBN 978-3-99028-236-6